LE MAGAZINE DE POLE ET D'AÉRIEN

ÉDITION N°5

ÉDITO

Chères lectrices, chers lecteurs,

Il y a pile un an, Spinning Magazine n'était encore qu'un projet. L'année 2023 a été marquée par cette résolution : « Cette année, on se lance ! ». Parole donnée, parole tenue. Le premier numéro a vu le jour en avril et a été accueilli à bras ouverts. Une fois de plus, merci pour cela, nous vous en serons à jamais reconnaissantes. Chaque numéro est le fruit du travail intense et passionné d'une micro équipe. En cette fin d'année 2023, nous voici déjà au cinquième numéro, et quel numéro !

Nous sommes heureuses de partager avec vous notre échange avec la passionnante et incontournable Marion Crampe, portant sur la pole dance et la spiritualité. Nous espérons que cette interview vous parlera autant qu'à nous et qu'elle sera source d'inspiration. Dyennifer, que vous avez probablement vue circuler sur les réseaux ces dernières semaines, nous raconte son histoire dans «A Pole Story». Vous découvrirez que la talentueuse compétitrice qui enflamme les scènes en catégorie parapole ne se laisse pas abattre par son handicap, bien au contraire !

Comme le veut notre rubrique « Insider » à chaque numéro, nous avons décrypté un nouveau projet entrepreneurial, la plateforme de Stéphanie Durand, Twist On Air. Nous sommes également allées du côté de l'Alsace, où la talentueuse Joséphine Li s'est passionnée pour le tissu aérien. Une artiste à l'univers bien marqué, que nous vous invitons à découvrir dès que vous refermerez ce numéro.

Au moment de la rédaction de ces pages, un collectif d'élèves du côté de Grenoble nous a contactées pour nous faire part de son parcours atypique qui nous a, pour le moins, interpellé! Rendez-vous dans le sommaire pour trouver le numéro de page de l'article sur « Pole & Aerial Box » !

Vous commencez à le comprendre, si ce n'est pas votre premier Spinning, nous aimons aborder des sujets complémentaires à nos disciplines, et pour cela, rien de tel qu'un article sur les tendinopathies, rédigé par notre experte Mariana, professeure de pole dance et kinésithérapeute !

Pour le reste du contenu, nous vous invitons à le découvrir par vous-même au fil des pages. Nous espérons que ce nouveau numéro de Spinning vous plaira et que, comme à votre habitude, vous prendrez le temps de nous faire un retour qui nous aidera à le faire évoluer. Nous ne vous retenons pas plus longtemps ici, il est temps pour vous de découvrir ce que nous vous avons préparé et pour nous d'entamer la rédaction du prochain numéro.

À bientôt,

Julie et Malorie

Athlète : Bleu sv   Photo : Aerial Flow Creation

SOMMAIRE

6 INSPIRATION
POLE & AERIAL BOX – UNE ÉCOLE SAUVÉE PAR LA SOLIDARITÉ

8 TRICKS
BIRD OD PARADISE

10 A POLE STORY
DYENN : LA COMPÉTITRICE AU SYNDROME DE POLAND

12 INSIDER
TWIST ON AIR

14 POLE, HAIR HANG & SPIRITUALITÉ
INTERVIEW – MARION CRAMPE

22 KINÉSITHÉRAPIE
TENDINOPATHIE ET PRATIQUE AERIENNE

24 LES POTINS
LES NEWS DU MONDE DE LA POLE ET DE L'AÉRIEN

26 DANS LES DRAPS DE JOSÉPHINE
INTERVIEW – JOSÉPHINE LI

29 POLE ART FRANCE
INTERVIEW – ALLEGRA BIRD

33 SANTÉ
LE COLLAGÈNE, C'EST QUOI ?

35 POLE GAMES / PLAYLIST
CONTRÔLE SURPRISE !

36 AGENDA
PLANNING DES PROCHAINS ÉVÈNEMENTS

SPINNING MAGAZINE possède les droits d'utiliser et de publier les photos dans le magazine.
Rédactrice en chef : Malorie Meynier / Publicité : Julie Peller
Rédactrices : Julie Peller, Malorie Meynier
Rédaction rubrique Kinésithéraphie : Marianna Lopes
Graphisme et mise en page : Mathieu Dufour, Malorie Meynier

LE POLE HUB

INSPIRATION

UNE ÉCOLE DE POLE DANCE ET D'AÉRIEN SAUVÉE PAR LA SOLIDARITÉ

Grenoble, novembre 2023 - Connais-tu l'histoire complètement folle de Pole & Aerial Box ? Un groupe de passionnées, formant un collectif associatif, a réussi à sauver leur école d'une fermeture imminente. Une initiative peu courante, née du désir de préserver un lieu qui était devenu une seconde maison pour elles et comme le dit le proverbe, « l'union fait la force ».

Pole & Aerial Box, a été fondée en 2017 par Carole Perrin Blanc. Cependant, au printemps 2023, l'annonce de la fondatrice selon laquelle l'école risquait de fermer, a galvanisé un groupe d'une vingtaine d'élèves. Refusant d'abandonner leur studio, elles ont décidé de créer un collectif associatif pour reprendre bénévolement la gestion de l'école.

Entre le printemps et l'été 2023, le collectif a travaillé sans relâche pour monter l'association, collecter les fonds nécessaires, et assurer une transition en douceur vers la rentrée 2023/2024. Le succès ne s'est pas fait attendre ! C'est grâce à la fidélité des anciens élèves, l'arrivée de nouveaux passionnés et une équipe pédagogique déterminée que l'aventure Pole & Aerial Box a pu se poursuivre.

La constitution de l'équipe s'est faite de manière collaborative. Dès le dé-

but, un mailing annonçant le projet a été envoyé aux élèves de l'école, contenant également un formulaire de recensement des compétences et des volontés, pour les élèves désirant s'investir. Une première réunion en avril 2023 a permis d'identifier le noyau dur du collectif, qui a ensuite organisé les commissions thématiques. Le Bureau, composé de la présidente, de la trésorière et de la secrétaire, représente ainsi les fondatrices de l'association, également élèves de l'école depuis plusieurs années. C'est sans se

connaître réellement, qu'elles se sont engagées main dans la main dans ce projet. Depuis, elles apprennent à travailler ensemble et à jouer de leurs complémentarités.

À ce jour, l'association compte plus de 100 adhérents, dont une vingtaine de membres actifs répartis en commissions thématiques. Ces commissions, couvrant des domaines tels que le secrétariat, la gestion, l'événementiel, l'enseignement, la communication et la maintenance, sont essentielles

à la gestion quotidienne de l'école. Chaque corps a élu un représentant qui a pour mission de faire le lien entre sa commission et les autres afin de s'assurer que l'information circule correctement au sein du collectif. Toutes et tous sont des élèves de l'école qui ont manifesté le souhait de s'impliquer au moment de la réflexion sur le projet.

La collecte de fonds, une étape inévitable pour le redémarrage de l'activité, a été réalisée avec ingéniosité. Avec un besoin financier d'environ 30 000€, le collectif a appelé à la contribution financière de ses membres, évitant de ce fait l'emprunt bancaire. Une option paraissant peu viable et potentiellement risquée pour le membre se portant garant. Les fonds ont été mobilisés à travers des apports au fonds associatif et des règlements anticipés des abonnements, plutôt que des mensualisations.

Le redémarrage de l'activité a été le fruit d'une aventure intense. Des négociations pour le bail à la préparation de la rentrée, la création de l'association, la gestion des contrats et des assurances, tout a été mené de main de maître par le collectif. La solidarité et l'implication de chacun ont été les clés du succès.
Aujourd'hui, la gestion de l'école repose sur des commissions thématiques et un Bureau bénévole dont chaque membre s'investit selon ses compétences et disponibilités. Avec

une Assemblée Générale prévue en décembre pour accueillir de nouveaux membres, l'école continue son bout de chemin et semble sur la bonne voie pour maintenir ses portes grandes ouvertes, dans laquelle les professeurs d'origine continuent d'exercer !

L'histoire de Pole & Aerial Box est un bel exemple de solidarité et de détermination. À toutes les personnes se sentant dans leur studio « comme à la maison », n'arrêtez jamais de soutenir ces endroits que vous aimez tant pour leur permettre de rester à flots et ainsi, continuer de vivre votre passion.

« Après cinq ans d'enseignement dans une école qui n'était pas la mienne, mais dans laquelle j'ai tout appris, j'ai eu envie de monter mon propre studio dans lequel se côtoieraient pole dance et disciplines aériennes. Un espace chaleureux dédié au sport loisir et où l'on se sentirait comme à la maison.
Pole & Aerial Box a vu le jour en avril 2017. J'ai consacré beaucoup de temps et d'énergie à gérer cette école dont j'étais si fière. Voir le studio s'animer au rythme des cours, des practices et des entraînements, c'était génial.

Puis petit à petit la gestion administrative, financière et logistique a pris le pas sur mes temps d'entraînement et d'enseignement.
Ce lieu que je voulais exutoire pour les autres est devenu chronophage et anxiogène pour moi...

J'avais visiblement sous-estimé la charge de travail que représentait la gestion d'une entreprise. Car oui mon studio était bel et bien une entreprise et pas seulement un lieu de divertissement et de partage.
J'ai dû annoncer à toutes ces personnes qui me faisaient confiance (professeures, élèves, parents) que je n'en pouvais plus, que j'étais épuisée, que je n'arrivais plus à gérer mon plein temps à l'hôpital et la gestion complète du studio et que j'avais besoin de retrouver le plaisir simple d'enseigner.

Suite à cette annonce, un collectif d'élèves s'est créé avec un objectif commun : éviter la fermeture du studio. Une course contre la montre s'est alors engagée pour créer l'association et organiser la reprise d'activité pour une nouvelle rentrée en septembre 2023. Une énergie de dingue a été déployée individuellement et collectivement, mobilisant les compétences d'une solide équipe pluridisciplinaire et bénévole.
Pari gagné pour le collectif Pole & Aerial Box qui a offert un second souffle au studio P&AB.
Je ne les remercierai jamais assez... »

Carole

BIRD OF PARADISE

Niveau : avancé

Tu n'es pas sans savoir que le *bird of paradise* est souvent l'objectif de bon nombre de poleuses approchant le niveau avancé ! Figure complexe, elle réquisitionne l'ensemble des muscles du corps et une amplitude articulaire demandant une préparation particulière.

Technique

À partir d'un outside, amène la jambe intérieure proche du visage via un rond de jambe. Attrape là par l'extérieur de la cheville avec ta main extérieure, afin de presser la jambe en direction du visage.

La main intérieure attrape l'autre main, en passant sur le mollet. Cela te permettra de capturer la barre dans le coude de ton bras intérieur.

Tout en gardant la jambe dans le coude, décroche ta main extérieure, afin de passer le bras de l'autre côté de la barre (le bras doit être derrière la tête) pour rattraper à nouveau la main intérieure. Veille à ce que la barre passe dans ton coude également. Attention à ton positionnement. La barre doit passer entre tes côtes et ton bassin ainsi que sur les trapèzes sans écraser les cervicales et l'omoplate intérieure.

Pour la dernière étape, décroche la jambe extérieure pour la tendre dans l'axe de la colonne vertébrale.

Anatomie

JAMBE DU HAUT

Mouvements squelettiques : extension de la hanche, du genou s'étend et flexion plantaire de la cheville.

Action musculaire : les muscles fessiers et ischio-jambiers entrent en jeu pour accomplir l'extension de la hanche. Les adducteurs, les abducteurs de la hanche, ainsi que les rotateurs profonds de la hanche, se synchronisent pour permettre la stabilité de la jambe en suspension. Les quadriceps se contractent pour maintenir la jambe dans une position droite, tandis que le gastrocnémien, les muscles du mollet contribuent à pointer le pied.

JAMBE DU BAS

Mouvements squelettiques : la jambe du bas effectue une flexion de hanche, une rotation externe, une abduction de la hanche, une extension du genou, et une flexion plantaire de la cheville.

Action musculaire : l'iliopsoas induit une flexion de hanche, tandis que les abducteurs et les rotateurs de la hanche contribuent à l'abduction et à la stabilisation de la jambe en position externe rotative. Les quadriceps maintiennent la jambe étendue et les muscles des participent à la pointe du pied. Dans le *bird of paradise*, adopter une position « ouverte » avec le bassin tourné dans les plans transversal et frontal nécessite principalement l'étirement des ischio-jambiers et des adducteurs. Les bras sont importants pour maintenir la position de la jambe, mais il est essentiel de maintenir une contraction musculaire active et un contrôle, afin d'éviter une utilisation passive des bras pour maintenir la jambe en position à la fin du mouvement.

COLONNE VERTÉBRALE

Mouvements squelettiques : la colonne vertébrale réalise des mouvements d'extension, de flexion latérale, et de rotation.

Action musculaire : les obliques, le carré des lombes, et le psoas majeur du côté le plus proche de la pole se contractent ensembles pour amener une flexion latérale de la colonne vertébrale vers la jambe inférieure. L'engagement des obliques internes et externes servent à la rotation de la colonne vertébrale, tandis que les extenseurs spinaux contribuent à son extension.

BRAS
Mouvements squelettiques : les actions du bras impliquent une flexion de l'épaule, une rotation interne de l'épaule, une flexion du coude, et une supination/pronation de l'avant-bras.

Action musculaire : lorsque le bras s'enroule autour de la pole, il adopte une flexion élevée de l'épaule et une rotation interne pour saisir la main opposée. Les principaux muscles en action comprennent les fléchisseurs de l'épaule, qui élèvent le bras au-dessus de la tête, ainsi que le dentelé antérieur et le trapèze, qui coopèrent pour réaliser une rotation vers le haut et une inclinaison postérieure de l'omoplate. Bien que le grand pectoral et le grand dorsal subissent un étirement, ils se contractent activement pour résister à la traction exercée par la jambe.

Athlète : Pole and cye   Photo : Madebyemphoto

A POLE STORY

LA COMPÉTITRICE AU SYNDROME DE POLAND

L'histoire de Dyenn
Instagram : @dyenn_lu

« Je m'appelle Dyennifer, mais mes amis m'appellent Dyenn ! J'ai 32 ans et j'habite à Limoges. Dans ma vie professionnelle, j'achète les matières premières nécessaires à la fabrication de matelas. Dans la vie de tous les jours, je suis une passionnée de pole dance !

Je suis tombée dedans il y a maintenant 4 ans. Comment c'est arrivé ? De manière totalement anodine. Je suis atteinte du syndrome de Poland : j'ai une malformation de naissance côté gauche à la main mais aussi au grand pectoral qui est absent chez moi. Je suis née la main palmée et j'ai subi 3 opérations étant petite pour pouvoir me former les doigts. En 2014, j'ai commencé la musculation puis j'ai continué quelques années à hauteur de 6 entraînements par semaine. En 2018, j'ai eu deux opérations supplémentaires pour la cage thoracique, m'empêchant de porter ne serait-ce qu'une bouteille d'eau. Après de nombreux mois sans sport, le retour à la salle de musculation me paraissait bien fade. Une copine m'a proposé alors de tester la pole dance ! Tout abord, j'étais mitigée entre l'envie d'essayer, la curiosité mais aussi les aprioris qu'on peut avoir avant d'avoir essayé cette discipline. En plus, je n'étais plus au top de ma forme physique, je n'avais jamais travaillé ma souplesse et qui plus est, est-ce que j'allais réussir à faire des choses avec ma petite main ? J'ai quand même tenté le coup ! J'ai poussé la porte de studio du Elopole-dance à Limoges et ça a vite été une révélation. Dès le 3ème cours, j'avais déjà commandé une barre pour m'entraîner chez moi. Depuis, je ne compte pas le nombre d'heures passées à m'entraîner, le nombre de bleus et de répétitions de figures ! J'ai participé aux championnats du monde IPSF en Suisse l'an dernier, en Pologne cette année et j'y ai décroché la médaille d'or ! Fin novembre 2023, je serai en Finlande pour les championnats Pole sport POSA où je vais tenter de décrocher une nouvelle médaille.

Il y a tout de même des choses que je ne peux pas faire vis-à-vis de mon handicap, mais en réalité, mon plus gros handicap est mon manque de souplesse !

Ma main gauche n'est pas assez grande pour saisir la barre entièrement et n'a donc pas assez de force pour me tracter. Elle me permet uniquement de me repousser. Étant donné qu'il me manque le muscle du grand pectoral, je ne peux pas faire certaines figures ainsi que certaines prises. Cela dit, je m'adapte et je trouve des alternatives. Mon épaule gauche compense ce que mon pectoral doit faire et je manque de mobilité de ce côté. Cependant, je travaille pour corriger ce décalage : le temps est mon meilleur allié.

Je m'entraine dans différents studios, je n'hésite pas à faire des workshops avec différents professeurs : ça rajoute beaucoup de richesse dans l'apprentissage, avec les astuces des unes et des autres. Même si je ne suis pas en mesure de faire les choses comme tout le monde, j'essaie au mieux de m'adapter, de trouver mes techniques et alternatives qui me permettent de progresser. Je remercie d'ailleurs toutes ces professeures merveilleuses qui ont pris le temps de m'accompagner dans mon parcours polesque – Elodie Roussel, Sarah Philipeau, Ophélie Scrève, Marie Moulin, Coralie Père et de nombreuses autres.

Tu t'en doutes peut-être déjà, je respire pole, je mange pole, je dors pole, je vis pole... même pendant mes temps off, je regarde de la pole ! C'est bien plus qu'un sport : c'est ma meilleure découverte jusqu'à ce jour. Même si c'est loin d'être facile, la pole permet de découvrir de nombreuses facettes de sa personnalité : le dépassement de soi, l'esthétique avec le travail de la fluidité et des lignes, l'obstination pour réussir à passer les figures tant désirées, la résilience pour passer outre les bleus et douleurs du début (et toutes nouvelles figures bien sûr...). On se fait de belles amitiés lors des cours, de merveilleuses rencontres lors des workshops et compétitions, de supers échanges sur Instagram : c'est une belle communauté où les valeurs sont fortes : entraide, acceptation et solidarité. C'est un sport individuel mais au final, tellement collectif !

Depuis deux ans, je me suis lancée dans la compétition. Tout d'abord c'était un défi : être capable de le faire ! On va dire que la grâce n'est pas quelque chose qui me caractérise au premier abord, mais à force de travail, j'ai appris à aimer les aspects artistiques de l'exercice. Ensuite, participer aux championnats dans la catégorie Para Pole est un message fort : cela veut dire que tout le monde peut faire de la pole dance, même avec un handicap.

Quand j'étais plus jeune, je n'aurais jamais pu imaginer un jour participer aux Championnats du monde dans n'importe quel sport. Il est vrai que je dois peut-être travailler plus qu'une autre personne, mais chaque jour je me prouve que je peux faire beaucoup plus que je ne le pense. J'ai commencé la pole il y a quatre ans maintenant avec une professeure formidable qui a pris le temps d'adapter les exercices – merci Elopolestudio. J'ai ensuite pris des cours de contorsion avec quelqu'un de tout aussi exceptionnel il y a deux ans – Emma Contorsionniste, joignable sur Instagram pour celles et ceux qui veulent essayer. Etant donné que je ne sais pas faire les choses à moitié, je pratique 5 ou 6 fois par semaine en respectant les besoins de mon corps. Je mixe mes entraînements entre la barre, les séances de renforcement musculaire à la salle, les entraînements de contor-

sion... Tout est complémentaire et j'aimerai avoir des jours supplémentaires dans la semaine pour réussir à boucler tout ce que je voudrais faire !

Je n'ai jamais fait de gymnastique ni de danse étant plus jeune. J'ai commencé quand j'avais 28 ans, mon corps n'était pas du tout souple. J'avoue que partir de zéro n'est pas aussi simple qu'en étant enfant, mais rien n'est impossible.

Commencer en

« JE DOIS PEUT-ÊTRE TRAVAILLER PLUS QU'UNE AUTRE PERSONNE, MAIS CHAQUE JOUR JE ME PROUVE QUE JE PEUX FAIRE BEAUCOUP PLUS QUE JE NE LE PENSE. »

étant adulte m'a permis d'acquérir assez de maturité pour écouter mon corps et être plus patiente, ce que je n'aurais probablement pas été capable de faire étant enfant ou adolescente. Il m'est alors plus facile d'apprécier chaque progrès à sa juste valeur car j'ai conscience que derrière chacun d'eux, j'ai dû fournir du travail pour y arriver. Que ce soit en souplesse ou dans le pole sport, chaque entraînement provoque de jolies choses : soit des réussites, soit du travail qui sera utile aux futures réussites.

Mon handicap m'aide à me challenger constamment. Même si je ne suis pas souple de nature, même si je n'ai pas pratiqué la danse ou la gymnastique depuis mon enfance, j'ai voulu essayer de me prouver que j'en étais capable. Je n'ai pas choisi le sport le plus facile, car en pole, nous avons besoin d'avoir de bonnes accroches avec les mains. Cependant, j'ai des alternatives : je m'adapte à ce que je peux faire et je développe d'autres qualités comme la force dans les accroches de jambes. Je ne suis pas des plus gracieuses mais justement, j'essaie d'apprendre. Je pense que pour pouvoir évoluer sereinement dans une discipline, qu'elle soit sportive ou non, il faut tout d'abord aimer ce que nous faisons mais surtout : s'entourer des bonnes personnes !

En somme, si je devais faire passer un message à la Dyenn de 15 ans, je lui conseillerais de ne pas essayer d'être parfaite, seulement d'être « vraie ». Les gens vont et viennent et on ne peut pas plaire à tout le monde donc je lui dirais aussi d'être elle-même et de se faire confiance, tout ira bien ! Qu'elle peut réaliser de grandes choses, mais il faudra travailler pour atteindre ses objectifs, ses rêves. Personne ne le fera à sa place mais finalement, tout est possible !

Pour les personnes qui liront ces lignes, j'ajouterai qu'il y a toujours des jours moins bons que d'autres, toujours des choses qui arrivent de manière imprévue et parfois même, nous avons envie de tout abandonner. C'est normal et je pense même que c'est une partie intégrante du processus. Seulement, c'est dans ces moments qu'il faut regarder d'où nous partons, apprécier chaque changement et amélioration aussi minime qu'ils soient et aller de l'avant. Nous ne sommes pas des robots mais des personnes qui ont une vie avec laquelle nous devons composer. Prenez le temps, faites-vous confiance et tout ira bien ! »

Dyenn

TWIST
ON AIR

L' ATELIER POLE   BY STEPH DURAND

Athlète : Stephanie Durand   Photo : Millie Robson

TWIST ON AIR

STÉPHANIE ET LA POLE DANCE

Stéphanie a découvert la pole dance en 2009 à Paris, sans aucun passé sportif. Sa passion pour cette discipline s'est rapidement enflammée, la poussant à devenir professeure. Elle a suivi la formation de Mariana Baum chez Pole Dance Paris, la seule formation à l'enseignement disponible en France à l'époque. Sa formatrice lui a offert l'opportunité d'enseigner la pole dance dans son studio en 2011, marquant ainsi le début de sa carrière.

Au fil des ans, Stéphanie a accumulé de l'expérience en travaillant dans plusieurs studios parisiens, participant à des compétitions en solo et en duo, et voyageant à travers le monde pour donner des ateliers et des résidences. Tout cela a contribué à enrichir ses compétences et à élargir son réseau de contacts.

L'ÉMERGENCE DE TWIST ON AIR

L'idée de créer Twist On Air a commencé à germer dans l'esprit de Stéphanie en 2018, après plus de dix ans d'enseignement. Elle souhaitait partager ses connaissances avec d'autres passionnés de pole dance et créer son propre business, sans les contraintes liées à la gestion d'un espace physique. Ainsi est née l'idée d'une plateforme de tutoriels en ligne.

En juin 2020, malgré les défis posés par la pandémie de Covid-19, les premières vidéos de Twist On Air ont été tournées. Ces vidéos sont conçues pour offrir aux apprenants une expérience d'apprentissage grâce à des instructions détaillées, des ralentis, des arrêts sur image et des outils de suivi de la progression. De plus, Stéphanie propose un service de coaching en visio pour un suivi personnalisé.

UN VASTE ÉVENTAIL DE COURS

Twist On Air propose une bibliothèque de cours diversifiés pour tous les niveaux. Vous y trouverez des vidéos explicatives, des échauffements, des étirements, des exercices d'assouplissement et de renforcement, ainsi que des tutoriels de pole dance allant des niveaux débutant à avancé.

Les ateliers sont conçus pour aider à progresser de manière structurée, en couvrant les spins, les transitions, les tricks, les équilibres et les combos. De plus, une catégorie « Pole Exotic » propose des chorégraphies et des tutoriels en talons.

Twist On Air va encore plus loin en proposant une catégorie « Guests », qui met en avant d'autres professeurs et champions de pole, offrant une plus grande variété de styles et de techniques.

SÉLECTION RIGOUREUSE DES COACHS

Stéphanie attache une grande importance à la qualité des tutoriels proposés sur Twist On Air. Elle a soigneusement sélectionné des coachs pour leur pédagogie, leur connaissance de la pole dance, leur style, et leur capacité à apporter quelque chose en plus à l'expérience d'apprentissage. Les coachs choisis par Stéphanie sont des professionnels talentueux et passionnés.

LE FUTUR DE TWIST ON AIR ?

Le futur de Twist On Air s'annonce bien chargé. Stéphanie a récemment lancé une version anglophone de la plateforme, sous-titrant toutes les vidéos en anglais. Elle travaille également à sous-titrer les nouvelles vidéos en français pour rendre le contenu accessible aux personnes sourdes ou malentendantes.

L'objectif de Stéphanie est de faire connaître Twist On Air à l'international et de créer des partenariats pour étendre son influence. Elle aspire à partager sa passion pour la pole dance avec le plus grand nombre, en proposant un espace d'entraînement ludique, pédagogique et passionné.

MARION CRAMPE

POLE, HAIR HANG ET SPIRITUALITÉ

« CHACUN A SA BEAUTÉ ET SA MAGIE. »

Marion Crampe t'ouvre les portes de son univers à travers une interview introspective ! Bien plus qu'une artiste pluridisciplinaire, Marion nous parle ici des multiples dimensions qui cohabitent en elle : la femme, l'artiste, l'humain. De son enfance à sa passion inébranlable pour la pole dance et le mouvement, elle nous partage son parcours riche en découvertes spirituelles et en réflexions profondes. Découvre comment la pole dance et la suspension capillaire deviennent ses moyens d'expression, influencées par une quête spirituelle profonde.

Que retrouve-t-on à l'intérieur de Marion Crampe ?
Waouh ! Pour une première question, c'est assez puissant ! Eh bien on y retrouve beaucoup et peu de choses à la fois. Je suis consciente de certaines choses qui sont en moi et que j'apprends à connaître. D'autres que j'ai compris, ou que je crois avoir comprises, parce que je pense qu'on ne comprend jamais, on interprète le plus souvent.
Définitivement, à l'intérieur de Marion Crampe, je ressens depuis toute jeune qu'il y a une âme qui a beaucoup vécu et qui vit une expérience humaine mortelle, dans tous les sens du terme. Plus jeune, j'étais paumée, je ressentais des choses que je ne savais pas expliquer et personne ne m'aidait sur ce plan. Puis, au fur et à mesure, j'ai compris que ça faisait partie de mon propre chemin de vie et qu'il était peut-être différent de celui des autres.

En quoi te sentais-tu différente des autres enfants ?
C'est vraiment difficile à expliquer. Aujourd'hui, quand je fais des analyses, ou des thérapies comme on les appelle, qu'elles soient issues de l'hypnothérapie ou du chamanisme, je me rends compte qu'il y a des choses que je ressens depuis l'enfance. Comme si j'avais vu et vécu des choses que je n'avais pas « vu et vécu ».

Fais-tu allusion à des vies antérieures ?
Antérieures ou peut-être parallèles, comment savoir ? En tout cas je n'y vois pas d'aspect religieux et ce, même si je suis née à Lourdes et que j'ai grandi aux alentours ! Je suis quelqu'un de très spirituel et je pense qu'on peut être religieux sans être spirituel et inversement. Mais je crois que si tous les gens viennent à Lourdes, c'est qu'il y a quand même quelque chose, une énergie. Certains endroits m'attirent. Par exemple, j'adore Ibiza, pas parce que c'est la fête mais parce que je ressens l'énergie spéciale de l'île. Si les énergies à certains endroits attirent autant de monde, c'est qu'il y a une raison.

Tu disais précédemment avoir été perdue, cela correspond à quelle période de ta vie et quand as-tu eu le déclencheur te permettant de te retrouver sur la bonne voie ?
Depuis l'enfance. Je l'avais même écrit dans les cahiers que je tenais (et que j'ai toujours) et que ma mère et ma sœur ont retrouvés et lu. Au début ça m'a un peu dérangé, puis en fait, je me suis dit qu'après tout, c'était comme ça. L'univers voulait qu'elles les lisent.

J'écrivais dans mes cahiers que les gens ne comprenaient pas et que j'étais différente. Même si j'étais bonne élève, je n'ai pas du tout aimé l'école primaire. Tout le monde a des souvenirs, des copains d'école, moi pas forcément. J'ai seulement une copine de cette époque, Pauline, que j'ai gardé aujourd'hui. Plus vieille, je suis partie à Paris et j'ai découvert la pole dance. C'est à cette période que j'ai eu le déclic. Comme pour beaucoup de monde dans ce milieu, ce n'est pas la discipline en soi qui m'a aidé, c'est tout ce qu'il y a autour. C'est un univers qui a changé ma vie car j'ai enfin su exprimer la personne que j'étais. D'un coup je me suis sentie dans un environnement où j'avais le droit d'être moi, en tout cas je me le suis autorisé. Aujourd'hui, j'ai 40 ans. Ça fait 17 ans que je fais de la pole et je suis toujours autant passionnée !

As-tu toujours eu l'âme d'une danseuse ?
J'ai toujours su que je voulais faire de la danse mais je n'étais pas vraiment douée, même les profs me le disaient. Mais mon envie était si forte que j'ai su la réaliser grâce à la pole, avec laquelle j'ai réussi à danser.

**Tu es la personne qui a permis de donner de la visibilité à la suspension capillaire.
Cette discipline et la pole, ont-elles un impact sur ta spiritualité ?**
Oui et c'est d'ailleurs pour ça que j'ai commencé le hair hang, pour une recherche spirituelle, parce que j'avais déjà entrepris ce travail là.

> « J'AI TOUJOURS SU QUE JE VOULAIS FAIRE DE LA DANSE MAIS JE N'ÉTAIS PAS VRAIMENT DOUÉE. »

Alors que quand j'ai commencé la pole, je n'en étais pas encore au même niveau d'éveil spirituel. J'étais justement dans ma « période paumée ». C'était un peu comme si mes ailes étaient si lourdes que je ne pouvais pas prendre mon envol et la pole m'a permis de les alléger pour commencer à m'envoler. D'ailleurs, après quelques mois de pole, lors d'une discussion, un ami m'a dit « je vois tes ailes qui poussent », alors que nous discutions d'un tout autre sujet !
Plus tard, au Mexique, j'ai également rencontré une personne qu'on peut appeler un « chaman ». Cette personne-là, qui ne me connaissait absolument pas, m'a également parlé de plumes. Une de mes grandes amies, Manuella Carneiro, sur son Instagram s'appelle Manue Plume. Ce symbole de la plume revient tout le temps dans ma vie !
Aussi, quand mon mari vient me chercher à la gare, il me siffle comme un oiseau. Et c'est drôle car j'ai une très bonne relation avec sa mère, mais elle a une peur phobique des oiseaux !

Justement, quels liens fais-tu entre cette spiritualité et la suspension ?

Je crois que c'est venu ensemble en fait, parce que j'ai avancé au cours de mes années avec ça et j'ai fait la rencontre de gens extraordinaires. J'avais des amis qui faisaient des choses assez extrêmes, comme se suspendre par la peau. J'ai assisté à la suspension par la peau des genoux d'une de mes amies. C'était plein de puissance et de sérénité et pour elle, c'est la meilleure sensation du monde. Au même moment, j'ai eu un un acouphène super puissant, tellement puissant que j'ai du sortir dehors et prendre un moment parce que l'expérience était trop intense.

J'ai toujours aimé explorer mon enveloppe humaine, mais je ne sais pas pourquoi, mes cheveux, ça a toujours été un truc. Pour moi c'est comme une continuité. Au sol, j'avais du mal. Puis, j'ai commencé à m'élever avec la pole et la suspension capillaire est comme une suite logique. C'est intéressant parce qu'aujourd'hui, je continue mon exploration corporelle sous l'eau. Je ne le vois pas comme une re-descente. Il y a quelque chose de profond où je n'ai plus du tout d'attache. C'est la liberté.

La pole a commencé à me faire pousser des ailes, dans le bon sens du terme. Et c'est intéressant parce que quand je danse sous l'eau, je danse les cheveux lâchés alors que sur la pole j'ai rarement les cheveux lâchés et en suspension encore moins!

« DANSE COMME SI TOUT LE MONDE TE REGARDAIT. »

Photo : Zaatar

Que te font ressentir toutes ces disciplines qui te permettent d'explorer ?

C'est très intéressant parce que ça dépend des périodes et ça dépend des jours. C'est assez orgasmique, en règle générale. Quand je suis sur

scène, je crois que je le fais avant tout pour le fun, ce que je ne faisais pas forcément avant. Quand je performe et que je le fais pour moi, c'est très puissant. Les gens le ressentent, c'est presque comme s'ils étaient dans l'intimité de quelqu'un. Par exemple, lors d'un de mes derniers shows à Ibiza l'été dernier, il m'est arrivé de faire comme une sortie de corps. J'ai senti quelque chose monter en moi, quelque chose de super puissant. Une personne du public m'a fait un geste, comme pour me dire qu'elle l'avait senti. À la fois, je suis là, sur scène et à la fois, je ne suis pas là. Je ne suis pas là mais je me vois performer de l'extérieur. Forcément, ça m'a interpellé ! Ça n'a cessé de durer pendant les six minutes de ma performance, c'était un moment vraiment fort. Il s'agissait d'un spectacle que j'ai donné tous les soirs, au même endroit pendant deux mois. J'ai performé comme avant, mais pas comme avant devant un public qui ne savait pas ce qu'il se passait.

Quand je pratique, je veux vraiment ressentir. Lors des entraînements je me dis toujours « danse comme si tout le monde te regardait ». Parce que quand je m'entraîne comme si tout le monde me regardait, tout ce qui est technique je l'amène au plus haut niveau possible. Puis, lorsque je monte sur scène, je n'ai plus qu'à être présente car j'ai tellement poussé la technique que je n'ai plus besoin d'y penser. C'est ma manière personnelle de faire. Je sais que je n'aurais plus qu'à vivre le moment et lâcher prise parce que mon corps sait parfaitement quoi faire. Ainsi, ça me permet de transmettre mon énergie au public.

Après, c'est vrai que je gravite autour de beaucoup de gens, qui sont artistes qui s'entraînent pour atteindre leur plus haut niveau, quel qu'il soit. Je ne parle pas de champions mais de gens qui se dédient à leur art.

D'ailleurs, tu as côtoyé une bonne partie de la communauté pole dans le monde, qu'en retires-tu ?
Quand tu fais un sport, par exemple la course à pied, tu vas courir mais tu ne vas pas jusqu'à la perfection. Ou du moins, quelques rares gens. En ce qui concerne la pole, c'est fou de voir autant de gens dans une même discipline qui se poussent pour exceller. Je n'ai jamais vu ça. C'est un sport qui nous pousse beaucoup. Ce sont les gens les plus déterminés que j'ai pu rencontrer et je peux vous dire que je rencontre beaucoup de personnes de tous milieux. En général de la pole, tu en fais à fond ou tu n'en fais pas !
On a une communauté, dont la majorité des gens est vraiment extraordinaire. Des gens extraordinaires avec qui j'ai partagé des choses dans plein de pays.

Parfois, ils sont dans un pays en guerre, ils leur manquent des choses essentielles mais ils font de la pole dance. Ils continuent de vivre. Et chacun à sa beauté et sa magie.

Tu es quelqu'un qui est tourné vers l'art sous toutes ses formes. Qu'aimes-tu transmettre quand tu associes ton image à un autre artiste ?
Quand on me contacte pour faire des collaborations quelles qu'elles soient, je demande toujours à l'artiste ce qu'il souhaite faire avec moi. Souvent, je sais ce que je veux faire, mais je veux sortir de ma zone de confort. L'intérêt pour moi quand je rencontre et travaille avec des gens, est de m'adapter même si je dois sortir de ce que je sais faire. C'est ça qui m'intéresse.
Parfois des photographes me disent « On fait les figures que tu sais faire, non ? ». Ce que je souhaite savoir, c'est comment il doit prendre les photos, qu'il me raconte pourquoi il prend ces photos pour que je puisse essayer de faire en sorte de lui donner quelque chose qui va l'intéresser. Par exemple, mon mari me prend en photo, mais les figures de pole ne vont pas l'intéresser. Il va me prendre l'oreille en photo donc quand je vais shooter avec lui, je ne vais pas poser de la même façon. Idem avec le dernier shooting mode pour lequel j'ai posé récemment. L'intérêt est de montrer le vêtement, pas moi. J'ai donc donné ce que je pouvais pour le mettre en valeur.
Bref, ce que j'aime c'est mettre en valeur le travail de la personne, pas moi.

C'est pour ça que sur mon profil Instagram, je partage beaucoup d'autres artistes, avec leur approbation bien évidemment. Je le fais pour montrer ce qui m'inspire et pour qu'ils puissent être découverts par les gens qui suivent mon travail.

Aussi, ma chorégraphie de suspension capillaire lors de ma dernière saison à Ibiza vient de Manuela Carneiro. C'est elle qui a monté ma chorégraphie. Non pas parce que je ne pouvais pas la monter seule, mais parce que je sais qu'elle m'apporte quelque chose qui va faire que je sors de ce que je fais d'habitude. Elle n'a pas essayé de me changer. Elle prend ce que j'ai déjà pour m'emmener vers quelque chose de nouveau. C'est une chorégraphe incroyable ! Il y en a qui vont te faire faire ce qu'ils ont en tête, alors que Manuela a cette magie de partir de ce que tu es et de t'amener vers un autre toi.

Toutes ces expériences apportent de nouvelles choses à mon art.

Émotionnellement et énergétiquement que te transmettent tes disciplines ?

Le mouvement m'a permis de vraiment être moi et de pouvoir, dans cette vie là, en tout cas dans cette vie que je vis aujourd'hui, en tant que Marion Crampe, d'être dans la sérénité. De rencontrer aussi, parce qu'on est humain que dans les relations humaines. À mon sens, on n'est pas humain tout seul et ça m'a permis de rencontrer des *Humains*, que ce soit dans le métier du spectacle, sous l'eau et tout simplement dans la vie. Du coup, tout ça crée un effet boule de neige, je me déploie toujours plus pour « être ».

« Être », ça n'a pas été facile. Je parle comme ça aujourd'hui, mais il faut savoir que c'est une quête de tous les jours. Je travaille dessus au quotidien. Je suis hypnothérapeute moi-même et je me fais aussi suivre dans une perspective d'évolution, mais ça ne veut pas

dire que je vais mal !

Comme je disais précédemment, je fais aussi des recherches un peu plus chamaniques. Je fais de l'ayahuasca, c'est une cérémonie encadrée par un chaman, qui consiste à consommer une décoction de plantes et racines des pays d'Amérique latine. Ça sert à faire des voyages intérieurs pour travailler sur le subconscient. Bien que l'ayahuasca ne soit pas une drogue, je tiens tout de même à préciser que ce type de cérémonie doit se faire de manière encadrée et que ce n'est pas fait pour tout le monde. Il s'agit de ma manière personnelle de faire.

Avec l'hypnose thérapeuthique par exemple, on va explorer l'inconscient. C'est un état modifié de conscience, donc tu es complètement conscient. On va par contre un peu plus loin dans les choses que peut-être ton conscient ne se rappelle pas et que ton inconscient a gardé pour lui. Ça permet d'aller chercher un peu plus profondément dans les choses.

Je sens que tout ce travail là me fait évoluer dans un sens qui me permet de me sentir vraiment apaisée. Ça me permet aussi de faire preuve de résilience et de ne pas rester sur quelque chose de négatif. Quand quelque chose de négatif m'arrive, je me dis que ça arrive pour une raison

« JE SUIS TOUT ÇA EN MÊME TEMPS ET PEUT-ÊTRE PLUS ENCORE. »

et j'essaie de comprendre ce que cette chose me raconte et me questionne toujours sur ce que je vais recevoir par la suite. Mais ça prend du temps, bien sûr, il y a des moments où la résilience tu l'envoies balader ! *(rires)*

Après toutes ces années d'expérience, comment te perçois-tu dans le milieu de la pole dance ?

Je ne suis pas une pole danseuse, je ne suis pas une personne qui fait du hair hang, je ne suis pas juste une femme, je suis tout ça en même temps et peut-être plus encore. Quand on me demande ce que je préfère parmi tout ce que je fais, je ne peux pas répondre. J'aime absolument tout parce que je fais des choses différentes. J'aime donner des cours en ligne, j'aime donner des workshops, j'aime performer.

Aujourd'hui, après tant d'années à avoir donné des workshops, je connais ma particularité. Je sais que les gens ne viennent pas uniquement pour ma technique, mais parce que c'est le cours de Marion Crampe. Régulièrement, en cours privé, il m'arrive que les personnes me disent qu'elles ont pris un cours pour discuter avec moi. Du coup, c'est aussi pour ça que je suis devenue thérapeute. Je me suis dis qu'il fallait que je sache comment gérer les cas comme ça, parce qu'au-delà de l'aspect physique, tu peux abîmer quelqu'un. Être prof, ce n'est pas seulement être un facilitateur. Grand nombre de ceux qui enseignent, même s'ils ne le veulent pas vraiment, deviennent indirectement le thérapeuthe, l'ami et le confident. C'est donc pour ça que j'ai voulu me former.

Il y a des gens qui viennent et reviennent à mes workshops, d'autres traversent la France et parfois même le monde. Lors de mon dernier workshop à Malte, une de mes élèves était venue d'Inde ! C'était la première fois qu'elle sortait de son pays, je ne vous raconte pas le choc culturel ! Une autre de mes élèves en ligne, se déplace d'Alaska pour venir faire un stage sous l'eau où je suis l'assistante de Bastien Soleil.

Tu sembles être une vraie expérience pour les gens !

C'est exactement ça ! Je ne sais pas si vous avez déjà vu passer un compte Instagram qui s'appelle Youniquestory. Je n'en fais jamais la pub, mais c'est moi derrière le compte. Il s'agit du compte d'une expérience humaine que j'ai créé. À la base, je ne voulais l'organiser qu'une seule fois, pour qu'elle soit unique. Nous étions douze la première fois. J'avais pris une maison, pour proposer une immersion. Bien sûr, il y a eu de la pole, mais c'était bien plus que ça. C'est difficile d'en parler comme ça car je ne souhaite pas tout dévoiler, mais toutes les personnes qui sont venues m'ont demandé d'organiser une autre expérience. J'ai accepté, mais chaque personne n'a le droit de venir à Younique qu'une seule fois dans sa vie. Et donc je l'ai refait, deux fois. La deuxième édition à eu lieu deux ans après et la troisième édition, trois ans après.

Penses-tu le refaire une nouvelle fois ?

Je n'en sais rien. À chaque nouvelle immersion, je change tout. À part mon mari et moi, toutes les personnes avec qui je collabore changent : la maison, le chef cuisinier, la marque de vêtement (qui n'est pas forcément de la pole dance), l'artiste qui va intervenir et qui n'a rien à voir avec la pole dance non plus, etc. Je travaille beaucoup avec les pierres aussi. Chaque immersion à la sienne. La dernière année, c'était le quartz rose, la seconde la pierre de lune et la première lapis lazuli, ma pierre de méditation.

Athlètes : Marion Crampe et Ms Lizard   Photo : Malowanie Swiatlem

LA REDAC'

AIME ÇA

HOOXPERIENCE
Le nouveau jeu de carte de cerceau aérien par Tracy Tagada

Il s'agit du tout nouveau jeu de cartes de cerceau aérien de Tracy Tagada ! Parfait pour trouver de l'inspiration pour un training perso ou pour préparer un cours, nous avons testé et validé Hooxperience ! Les cartes à piocher au hasard ou choisir une combinaison, à utiliser seul.e, entre amis ou en cours, offrent un large choix de figures débutantes à intermédiaires. Chaque carte, illustrée par différents modèles, possède son propre QR code renvoyant vers le tuto clair et détaillé de Tracy. Comment entrer dans la figure, se positionner et en sortir, tout y est pour élargir son éventail de tricks ou pourquoi pas améliorer sa pédagogie. On adore !

FLYING ROOTS
La troupe de pole dance

C'est LA troupe de pole dance française à suivre de près ! Composée de Marie Soler, Ludivine Alleguede, Maeva Sanuy, Emma Pelletier, Emilie Ducellier, Marie Bauduin, Elisa Gerne, Manon Agard, Marion Caranobe et Axel Coze, l'union de ces artistes nous promet des shows grandioses ! Pour preuve, il n'y a qu'à visionner leur performance sur la scène de la nouvelle saison de La France A Un Incroyable Talent 2023 !

Instagram : @flyingrootsart

21

Kinésithérapie

TENDINOPATHIE ET PRATIQUE AÉRIENNE

L'importance de la remise en charge progressive

Par Marianna Lopes, kinésithérapeute

Que ce soit au niveau du membre supérieur ou inférieur, nous avons tous entendu parler de la fameuse tendinite (ou tendinopathie dans le nouveau jargon scientifique) et notamment dans nos pratiques de danses aériennes. Cet article a pour but d'expliquer les mécanismes d'apparition de la douleur, ainsi que les facteurs permettant d'aggraver et d'améliorer la symptomatologie. Vous verrez que les principes du repos et de l'arrêt de la pratique sont aujourd'hui obsolètes. La bonne nouvelle est donc: en cas de douleur (et on ne parlera que de douleurs car aujourd'hui la notion d'inflammation est discutée d'un point de vue scientifique), vous n'aurez pas à cesser d'un coup votre pratique.... Bien au contraire !

Nous rappelons l'importance de consulter un praticien adapté en cas de douleurs. Cet article ne remplace pas un bilan et diagnostic d'un professionnel de santé formé.

Allez, c'est reparti pour un petit rappel anatomique et biomécanique. Le squelette humain au sens large est constitué d'os, de muscles, tendons et ligaments (ne sera évoquée que la part mécanique du squelette). Ces différentes structures, formées de cellules et de tissus différents, ont également une capacité d'adaptation différente en réponse à un stress mécanique (sport, activité professionnelle...). Cette différence d'adaptation est liée à une différence de vascularisation et donc de délai de cicatrisation dans le cas d'un traumatisme franc, ou de micro traumatismes répétés. Ainsi, il sera plus facile de « réagir » rapidement pour un os ou un muscle que pour un tendon ou un ligament.

Le tendon est l'accroche qui relie le muscle à son insertion osseuse C'est une structure ACTIVE (contrairement aux ligaments qui sont des structures passives). La douleur tendineuse (ou tendinopathie) va apparaître lorsqu'il lui est demandé un excès de contrainte mécanique. Cette douleur apparaît sans forcément de douleur au sein du muscle en lui-même. En effet, il y a un retard d'adaptation du tendon par rapport au muscle. Cette augmentation de contrainte est assez simple : trop fort, trop rapidement et pendant trop longtemps ! On a demandé à notre tendon beaucoup plus que ce dont il est capable d'encaisser, et du coup la réaction naturelle est l'envoi d'un message neurologique douloureux. Attention cependant, ce message pourra perdurer alors que la cicatrisation sera bonne (d'où l'importance d'une reprise progressive).

Quels sont les mécanismes d'apparition des tendinopathies ?

Encore une fois, il est important de considérer le sujet dans son ensemble. L'aspect physiologique a été expliqué précédemment, mais attention, il serait réducteur de ne penser que seul l'excès d'entraînement pourrait être responsable de cette symptomatologie. Le corps humain est fait pour supporter la contrainte mécanique, et plus scientifiquement ce que l'on appelle le stress mécanique. Le but du corps humain du sportif est d'évoluer entre une limite supérieure de contraintes qui entraînerait des blessures à répétition, et une limite inférieure qui entraînerait une désadaptation totale à des stress parfois moins importants. En d'autres termes : le « trop » est l'ennemi du bien, mais le « pas assez » également.

Ajoutons à cela les marqueurs propres au sujet : son mode de vie, son activité professionnelle, le stress quotidien, prise médicamenteuse (ex : antibio de l'infection urinaire), etc... En effet, ce type de douleurs pourrait apparaître chez le sujet s'entraînant comme à son habitude mais ayant une dette de sommeil, ou un stress émotionnel ou encore un changement nutritionnel (le fameux « bien dans sa tête, bien dans son corps »).

Nous pouvons également ajouter que les antécédents de blessures, ne concernant pas forcément la zone douloureuse, peuvent entraîner des compensations par un manque de force ou de mobilité, et donc une augmentation encore une fois de la contrainte et donc de la douleur.

Il est donc important de retenir qu'il faut vraiment considérer le sujet dans son ensemble, à la fois physique et psychologique, afin de pouvoir traiter la symptomatologie.

Cas particulier de la danseuse aérienne (pole dance, cerceau, tissu, hammock, sangles etc...)

Ce sport se fait énormément en traction et en suspension. Or rappelons que nous passons peu de temps dans nos vies quotidiennes, suspendus ! Voilà pourquoi l'épaule est le siège de ces tendinopathies dans cette discipline, car afin de pouvoir réaliser le geste ou la figure correctement, nous resterons longtemps dans cette position et effort de traction, parfois mal supportée par nos épaules. Notons également que souvent des mouvements de poussées sont réalisés lors des échauffements (pompes, dips) et qui ne recrutent pas les mêmes muscles que ceux permettant de nous tracter... Ainsi, il serait préférable lors de l'échauffement de privilégier les mouvements d'amplitudes et de traction et tirage postérieur.

(Attention, ceci n'est pas un appel au conflit avec les pompes ou burpees, que nous savons, vous appréciez tant...)

Mais du coup, on fait quoi concrètement ?

Pour commencer, on consulte avant que la douleur s'installe. Il faut savoir que les délais de cicatrisation pour le tendon varient de 6 semaines à 6 mois, voire 1 an... Il serait donc dommage de ne pas rentabiliser sa dernière tenue achetée la semaine passée...

Ensuite, aux oubliettes également le REPOS ! Puisque le tendon doit s'adapter, vous pourrez stopper 6 mois, la douleur risque de réapparaitre instantanément puisque le problème n'aura pas été réglé.

À ce jour, aucune étude scientifique n'a prouvé l'efficacité du glaçage, mais si cela peut en soulager certain, alors pourquoi pas.

Le principe à retenir est donc la remise en charge progressive ! On respecte les amplitudes non douloureuses, et on retravaille tout le

Modèle : Jeanne Roche

système musculaire dans toutes ses fonctions : d'abord en statique, puis en concentrique (on créer le mouvement), puis excentrique (on freine le mouvement), et en variant la vitesse, et surtout la charge! Il est important également de travailler musculairement dans les secteurs d'étirements, la pratique de la danse aérienne se faisant sur de grandes amplitudes articulaires. On diminue donc le volume d'entraînement, on travaille dans des secteurs non douloureux, et on n'oublie pas d'ajouter du poids !

On pourra également faire un bilan de l'état général : Dors-tu bien ? Fais-tu un régime ? État de stress ou de fatigue générale etc.

En conclusion

N'arrête pas tout, bien au contraire. Tu risquerais peut-être d'aggraver les douleurs lors de la reprise, mais surtout de te déconditionner globalement physiquement et donc que le retour à l'agrès soit plus difficile.
Sois patient : la douleur peut encore surgir, sans qu'il y ait d'analogie physiologique (échographie par exemple). Adapte ta pratique en diminuant le volume d'entraînement (soit le nombre de séances, soit le temps de séances).

Et surtout prends soin de toi !

Pour aller plus loin :
Travaux de Jill Cook sur les tendinopathies
Echange entre MajorMouvement et Hemtonkiné sur Youtube : tendinite et cross-fit

les potins.

APPLICATION - MA VIE EN POLE
SORTIE LE 1ER DÉCEMBRE 2023

« Ma Vie en Pole » trouve son essence dans la nécessité de suivre sa progression personnelle dans tous les aspects de la pole. L'objectif est de permettre aux utilisateur de visualiser leur évolution, de rester motivé.e.s et d'optimiser leurs séances d'entraînement.

Cette idée prend sa source dans l'expérience personnelle de la créatrice, Vanessa Delage, qui, en tant que développeuse mobile, a ressenti le besoin de centraliser et de structurer ses vidéos d'entraînement. C'est ainsi qu'est née l'idée d'une application.
La plateforme s'adresse à tous les niveaux, des débutants aux professionnels. Avec une version gratuite et payante.

Parmi les fonctionnalités, les utilisateurs peuvent enregistrer leurs séances d'entraînement en ajoutant des photos ou des vidéos, prendre des notes, spécifier le temps consacré à chaque figure travaillée, et organiser le tout de manière personnalisée. De plus, l'application permet de suivre la maîtrise des figures, de définir des objectifs personnels et même d'enregistrer sa propre version des mouvements. Dans un proche avenir, les utilisateurs pourront également partager leurs entraînements avec leurs amis.

L'atout majeur de « Ma Vie en Pole » réside dans son offre de stockage sécurisé et privé des séances d'entraînement, offrant aux utilisateurs une grande visibilité sur l'historique de leur

pratique. Il s'agit d'un véritable journal de pole 2.0.
« Ma Vie en Pole » deviendra-t-elle un indispensable pour tous les pole dancers ? Affaire à suivre.

APPLICATION - THE POLE THERAPY

Cette fin d'année 2023 n'aura pas manqué de nouvelles applications pour notre communauté, puisque « The Pole Therapy » a également fait son apparition sur les stores. Structurée autour de quatre piliers fondamentaux, l'appli promet une expérience complète.
La première catégorie, « Préhabilitation », prévient les blessures tout en renforçant les muscles essentiels. « Réhabilitation » guide habilement les utilisateurs dans leur retour après une blessure, avec des conseils pratiques et des exercices adaptés.
La « Programmation » dévoile des plans mensuels personnalisés, mettant l'accent sur des objectifs spécifiques, tels que la maîtrise de l'open V. Les séances, conçues pour être effectuées à domicile avec un minimum de matériel, offrent une approche réaliste pour atteindre les objectifs fixés.
Enfin, la section « Pole » combine des tutoriels détaillés sur les figures avec des exercices de renforcement musculaire associés. Chaque mouvement devient une opportunité d'améliorer la force et la technique.
L'élément clé de cette application réside dans la collaboration entre Charlotte Dardenne du Full Moon Studio et l'ostéopathe Victor Depasse pour garantir une approche holistique.

Les athlètes se préparent désormais pour les prochains Championnats du Monde en 2024, à noter que la prochaine compétition nationale se tiendra les 24, 25 et 26 mai près de Lyon, à Rillieux La Pape. Félicitations à toute la Team France !

IPSF - TEAM FRANCE

Les français.es ont assuré ! Au Championnat du Monde de Pole Sports de l'IPSF en Pologne, du 24 au 29 octobre, la team France composée de 18 athlètes et encadrée par 3 coachs certifiés IPSF, a su montrer ce qu'elle avait dans le ventre dans les catégories suivantes : Pole Sports, Para Pole, Pole Artistique, Cerceau Aérien Artistique, Cerceau Aérien Sport, et Ultra Pole.

Notables performances incluant Dyennifer De Melo Luca remportant la médaille d'or en Para Pole, Létitia Pannunzio gagnant la 3ème place en Pole Artistique Master 40+, et Eric Bellicha obtenant la médaille de bronze en Pole Sports Master 50+. D'autres membres de l'équipe ont également marqué de très nombreux points en Cerceau Aérien Artistique, Pole Sports, et Pole Artistique.

Lygie Alloké et Alice Boyer ainsi que Maële Quil et Ilona Moulin se sont classées en 12ème et 11ème place dans la catégorie Duos, tandis que les hommes tels qu'Anthony Zambelli a obtenu la 12ème place en Pole Artistique Senior. La toute jeune, Lise Riehl, a également su se faire une petite place au 16ème rang en Pole Sports catégorie Novice. Floriane Topazzinni a su faire face à d'autres poleuses de haut niveau en Ultra Pole en atteignant la finale.

Les coachs IPSF, Annabelle Mainand, Sarah Philippeaux, et Elisabetta Gardiol, ont joué un rôle clé dans la préparation de l'équipe. Une mention spéciale a été attribuée à Jean-Paul Berger pour sa contribution à l'ambiance bienveillante et son soutien sans faille, renforçant l'unité de l'équipe.

EXOTIC GENERATION FRANCE

La compétition d'exotic de France organisée par Juliette Jak du studio French Pole Riviera s'est déroulée le 4 novembre, à Nice pour accueillir 62 compétitrices et compétiteurs français et internationaux.
Le podium :

New Face
Elodie Nebra
Brown Sugar
The Polecat

Groups
Annouk et Solenne
Paula & Ari
Satanair

Flow
Iga Zien
Kassya
Isobel Graziani

Old school
Kellyane Santos
Aryanna
Tati Blue

Homme
Oscar del Pozo
Abcpoledancer
Galaad

Hard
Karolina Farynska
Malwina GS
Vanessa Leen

POSA POLE SPORT WORLD CHAMPIONSHIPS 2023

S'est tenu du 23 au 26 novembre en Finlande l'un championnats les plus importants de notre discipline, le POSA POLE SPORT WORLD CHAMPIONSHIPS. Parmis les français, nous retrouvions en amateurs: Mélody Guidon et lilou Valentin en catégorie junior, Julie Le Duff, Faustine Lardin et Marie Guiguemde en senior femme, Sébastien Geraldes en senior homme, de nouveau Faustine Lardin et Marie Guiguemde en catégorie duo. Les «competitives» en semi-final : Lise Rhiel en junior, Ophélie Screve, Gaëlle Saint Macary, Floriane Topazzini et Ambre Marsaguet en senior femme, Sylvaine Charrier, Nathalie Lecrosnier et Annabelle Martin en master +40. Parmis tous ces candidats français, nous retrouvions en final : Sylvaine charrier en 3ème place et Nathalie Lecrosnier 8eme place de leur catégorie, Dyennifer De Melo Luca première place en parapole et Ophélie Screve en 7eme place en Senior.
Enfin, la nouvelle championne du monde POSA POLE SPORT n'est autre que la fameuse Oona Kivela de Finlande, suivi de Beatrice Cogo (Italie) et Heta Kiljuenen (Finlande).

CHAMPIONNATS DE FRANCE 2024

Les championnats de France 2024 commencent à pointer le bout de leur nez ! Les dates des sélections régionales commencent à tomber. C'est le moment de (re)tenter ta chance. Rendez-vous dans l'agenda pour découvrir les premières dates.

LA FRANCE A UN INCROYABLE TALENT 2024

La troupe de pole dance Flying Roots composée d'artistes du sud de la France s'est présenté à la bien célèbre émission «La France a un incroyable talent» pour un show très bien ficelé. Ce n'est pas moins de 7 podiums qui se sont retrouvés sur la scène pour laisser place à la performance. C'est dans des tenues signées Evolution Gym Shop et sponsorisée par le magazin Décathlon Odysseum (Montpellier) que la troupe a emporter le public et les telespectateurs sur une reprise épique de « Heat the road Jack». C'est sans surprise que les poleuses se sont qualifiées pour le second tour de l'émission. Bravo à elles !

DANS LES DRAPS DE
JOSEPHINE LI

Peux-tu nous dire qui est Joséphine ?
Je suis d'origine coréenne, née en France et je vis actuellement en Alsace. Je suis arrivée dans l'aérien sur le tard. Avant ça, je faisais des études d'architecture et d'art du spectacle tout en étudiant la danse. J'ai découvert la pole dance à 19 ans. C'est donc par là que j'ai commencé l'aérien. Je ne pratiquais pas encore beaucoup, car mes études me prenaient tout mon temps. C'est vraiment deux années plus tard, à la fin de mon cursus, que je me suis plus intéressée à l'aérien. Mais à cette époque, il n'y nul part où s'entraîner en Alsace. J'ai donc ouvert mon studio dans un bâtiment industriel en 2017, car je voulais avoir un endroit pour m'entraîner et me professionnaliser. J'ai donc tout appris seule mais je suis passée par la case des formations à l'enseignement pour apprendre la pédagogie et être apte à être enseignante d'aérien.

Pourquoi la pole dance ?
Ça remonte à mes 15 ou 16 ans. J'étais allée à Walibi, un parc d'attractions à l'époque, en Lorraine. J'y avais vu un spectacle où il y avait de la pole dance, j'ai trouvé ça super beau ! Malheureusement je ne savais pas ce que c'était et c'est par la suite, quand je suis arrivée à Strasbourg pour mes études, que j'ai vu des pubs pour une école de pole dance. C'est là que j'ai découvert comment ça s'appelait et j'ai immédiatement voulu essayer.

Comment t'es-tu lancée dans les autres aériens, notamment le tissu ?
Au début, je faisais de la pole dance comme loisir. Puis je me suis rapidement mise à donner quelques cours de pole.

C'est ensuite que les autres ont commencé à me dire que ce serait intéressant pour moi d'essayer d'autres disciplines aériennes alors j'ai choisi le cerceau. J'en ai donc installé dans mon studio, ai appris, puis enseigné. Ensuite je suis arrivée au tissu aérien. À la base, je n'aimais pas trop le tissu car je trouvais qu'il y avait beaucoup de placements et que c'était super ennuyeux. Mais c'est quand même une discipline qui est très graphique et visuelle donc je me suis dit que pour mon studio, je ne pouvais pas me contenter de proposer seulement du cerceau. C'est donc vraiment pour le marketing et pour que mon studio fonctionne que je me suis mise au tissu. J'ai commencé à aimer quand j'ai découvert les vidéos de Diana Sales, qui à l'époque était un homme et s'appelait encore Diego Sales. C'est en regardant ses vidéos que je me suis dit que c'est une discipline vraiment intéressante. C'est grâce à elle que je m'y suis mise à fond.
Ensuite, je me suis lancée dans les autres disciplines aériennes en fonction des contrats qu'on me proposait. Le tissu demandant beaucoup de hauteur, j'ai commencé à faire des sangles qui en nécessitent moins et qui sont très complémentaires au tissu. Mais j'en fait vraiment très occasionnellement. En fait, dans le monde du spectacle, on nous demande rarement de faire un seul agrès. Je fais donc plusieurs agrès, mais je fais majoritairement du tissu. C'est avec celui là que je me sens le plus libre.

Pourquoi proposer des cours de tissu et cerceau uniquement, alors que tu es multi-agrès ?
Déjà, j'ai choisi ces deux disciplines parce que c'était les plus demandées dans ma région. À une période, j'avais

ouvert des cours de trapèze et de sangles mais quand j'ai arrêté de donner des cours, je n'avais personne pour prendre le relais. Aussi, il n'y avait pas beaucoup de personnes qui étaient intéressées pour apprendre, donc j'ai fermé ces cours. Évidemment ça en a attristé certains mais je devais aussi penser au bon fonctionnement du studio en gardant les cours qui fonctionnaient et pour lesquels j'avais des profs.

Ton univers est très singulier, quelles sont tes inspirations ?
Je pense que je puise exclusivement mes inspirations dans la musique. Plus jeune, j'étais gothique et j'aimais les choses assez sombres donc je m'inspire beaucoup de cette culture qui est un peu particulière et pas très habituelle. J'aime aussi les films d'horreur, donc j'essaye d'être un peu dans l'horreur. J'adore aussi les défilés de mode surtout la façon de faire les drapés, les voiles.
Quand j'étais plus jeune, je jouais beaucoup aux jeux vidéo qui te plongeaient dans un univers magique et fantastique, les Final Fantasy par exemple. Au final, je me suis créée une sorte d'alter ego magique et de super-héros sur le tissu. Et puis bien sûr, je m'inspire de mes expériences personnelles, de mon vécu. Souvent, je fais des choix musicaux qui parlent pas mal de ce que je traverse. L'aérien est aussi une façon pour moi de m'exprimer sur les moments difficiles, et il y en a eu beaucoup. Je crois que si je regarde rétrospectivement chaque choix musical, chaque univers que j'ai représenté parlait de mon état émotionnel du moment.
Après, visuellement j'aime les choses qui ont l'air simple et pas trop placées. Je travaille mes enchaînements dans un sens où les placements ne se voient pas.

Tu fais également partie du spectacle à Disneyland Paris, peux-tu nous en dire plus ?
Oui, je travaille en tant qu'acrobate sur Le Roi Lion. C'est un spectacle à l'intérieur de Disneyland Paris. J'ai passé le casting et j'ai été prise. On est 5 filles et 12 garçons acrobates. Le spectacle met en scène différents tableaux où on fait de la spirale aérienne, un duo de sangles. Les acrobates restent entre 3 mois et un an en général. L'une des raisons pour lesquelles j'ai choisi d'en faire partie, c'est la diversité des acrobates et les rencontres, c'est très enrichissant. Et puis les conditions de travail sont vraiment bonnes. J'y suis actuellement pour renouveler mon intermittence !

Donc une partie de l'année tu es à Paris pour le spectacle à Disneyland Paris et l'autre partie de l'année tu es à Strasbourg pour le studio. Comment arrives-tu à gérer ces deux vies ?
Pour pouvoir allier les deux, j'ai complètement arrêté de donner cours dans mon studio quand j'ai signé mon premier contrat chez Disneyland Paris. J'ai aussi pris un co-gérant, qui est mon meilleur ami, dans les périodes où je suis à Paris. C'est un ancien élève qui était là dès l'ouverture du studio et c'est quelqu'un de très doué. Il a fait une grande école de cirque et il est revenu pour prendre la co-gestion.

En plus de ça, il donne aussi cours avec les trois autres profs. Quand je suis à Paris, je continue quand même de gérer le studio à distance, je m'occupe notamment de la comptabilité.

Est-ce que tu perçois une différence entre le monde de l'aérien issu de la pole et celui issu du cirque ?
Je trouve qu'il y a beaucoup de compétition dans l'aérien issu de la pole par rapport à celui issu du cirque. Dans le cirque, les gens sont plus dans le partage et puis c'est on y retrouve des traditions familiales. Après, il y a des approches différentes à l'aérien en fonction de là où tu viens. Dans mon studio, les élèves arrivent de chemins différents et j'ai l'impression qu'on a réussi à faire en sorte que les choses se mélangent plutôt bien. Et puis les temps changent, je me souviens quand j'ai ouvert mon studio, l'univers du cirque n'acceptait pas vraiment la pole dance en tant qu'agrès. Et comme je le disais, au final c'est peut-être le côté compétition et sport qui n'allait pas avec le cirque. Je vois au studio qu'il n'y a pas de concurrence sur les différents passés sportifs de chacun. Chez moi, les gens se mélangent plutôt bien.

As-tu d'autres activités ?
Je fais également du cabaret de temps en temps et de l'événementiel. Je préfère le cabaret car on me laisse libre de proposer ce que je veux et les conditions de travail sont bonnes. L'événementiel, c'est pour les soirées de gala en général. Ce n'est pas là où je m'amuse le plus car les gens sont en train de manger quand tu fais ta prestation et les demandes sont 100% commerciales. Il faut que tu fasses du Britney Spears ou des choses comme ça. Les conditions ne sont pas non plus géniales, car ce sont des lieux qui ne sont pas forcément adaptés pour faire de l'aérien. C'est souvent des compagnies d'évènementielles qui m'appellent mais ça arrive aussi que ce soit des personnes que je connais qui ont donné mon nom.
Je vais essayer progressivement de lâcher ce type d'évènement pour me diriger vers les festivals pour pouvoir garder mon univers et faire les numéros comme je les aime. Ça me permettrait aussi de faire des solos plus longs car actuellement mon numéro dure 7min30 et je voudrais aller sur des numéros qui durent 30min. Ce serait un format spectacle-concert où je serais entourée de musiciens.

Quel est le prochain agrès que tu souhaiterais tester ?
J'ai la sensation d'avoir fait le tour des agrès où je n'ai pas trouvé la liberté que j'avais dans le tissu. Aujourd'hui, je voudrais continuer avec le tissu car c'est mon agrès de prédilection. Je travaille en ce moment sur la création d'un nouvel agrès mais toujours autour du tissu. Je suis en train de faire des tests sur un prototype. Il s'agit du multi tissu. Je voudrais explorer une nouvelle façon de pratiquer avec cette fois-ci, plusieurs brins. Pour le moment, j'en suis à calculer l'épaisseur des tiges et à la recherche d'un ferrailleur. C'est un long projet, mais si tout va bien, je pense qu'il sera prêt pour l'année prochaine.

« JE TRAVAILLE EN CE MOMENT SUR LA CRÉATION D'UN NOUVEL AGRÈS. »

Photo : Yvonne Corbière

LE RETOUR DU POLE ART FRANCE

INTERVIEW AVEC ALLEGRA BIRD, FONDATRICE DE LA COMPÉTITION

Photo : Karina Friedrich

Bonjour Allegra, pour nos lectrices qui ne sont pas familières avec le Pole Art, peux-tu nous expliquer ce qu'est cette compétition et comment se distingue t-elle des autres ?

Pole Art c'est une scène d'expression, de recherche et de découverte. Pour les candidats c'est une occasion unique de s'exprimer, de nous faire découvrir leur personnalité, leur univers. Pour les spectateurs c'est un spectacle incroyable avec des performances techniques, certes, mais scénique avant tout.

Pole Art France n'a rien en commun avec ce que l'on peut attendre des autres compétitions ou des autres Pole Art qui se sont créés un peu partout dans le monde.

Nous avons dès le début, fait le choix de nous rapprocher au plus près du Pole Art original qui lui ne comptait qu'une seule catégorie. Peu de compétiteurs mais les meilleurs. Le show qui est offert est un show d'exception. Y participer est une chance incroyable.

Mais surtout, Pole Art France, tout comme le Pole Art original, met en avant l'art et l'expression artistique. La technique est un support pour créer et non l'inverse.

Le Pole Art France a été marqué par une longue pause de 4 ans car tu as eu des soucis de santé, déjà, comment vas-tu aujourd'hui ? S'est-il tout de même déroulé des choses autour du Pole Art France durant tout ce temps ?

Je vais mieux merci ! J'ai pris ce temps nécessaire pour me remettre, malheureusement ma santé reste un sujet complexe mais durant tout ce temps, je savais que Pole Art reviendrai. Le Covid a marqué un autre tournant difficile pour tous les organisateurs d'événements, nous n'avons pas non plus échappé à tout ça puisque nous avons essuyé beaucoup de refus de salles entre 2021 et 2022.

Nous en avons profité pour réfléchir à comment s'intégrer dans ce nouveau monde tout en gardant les standards élevés qui nous sont chers.

Le scoring a été le premier point de réflexion dès 2019. Je le trouvais personnellement encore trop focalisé sur la technique et sur des critères de notation classiques et communs à beaucoup de compétitions, ce qui n'était pas en totale adéquation avec notre vision du Pole Art. Nous avons eu un temps de réflexion avec les juges qui ont participé aux précédentes éditions et nous avons décidé de proposer des critères de notation un peu différents. Cela sera sûrement encore amené à évoluer au fil des éditions et des expériences rencontrées.

Les catégories proposées sont toujours débattues d'une édition à l'autre.

Dans un souci de confort à la fois pour les compétiteurs, mais aussi pour les juges et enfin et surtout, pour les spectateurs, nous restons sur la même volonté de ne présenter que quatre catégories par édition. Cette année nous avons fait le choix de mettre en avant les Junior (12-17), les Duo & les Groupes, les Élites hommes et les Élites femmes.

J'affectionne tout particulièrement la catégorie Junior. Ils sont toujours incroyables sur scène, ils sont l'avenir de la pole et leur donner cette opportunité de venir s'exprimer librement est pour moi toujours un honneur.

Il n'y a pas de semi-pro sur cette édition, je sais que beaucoup seront déçus mais nous devons faire des choix. Cette année c'est donc la catégorie Duo et Groupe qui est mise en lumière, catégorie elle aussi riche et extrêmement intéressante. Il y a tellement de possibilités, la création est au cœur de cette catégorie et j'ai hâte de voir ce que les candidats produiront.

Enfin la catégorie Elite, concerne toutes les personnes qui pratiquent à un niveau professionnel, ou qui concourent déjà dans des catégories Elite. Cependant je voudrais en profiter pour apporter une précision. Il ne faut pas voir cette catégorie comme étant entourée de barrières infranchissables. Si un candidat souhaite tenter sa chance il en a tout à fait la possibilité. Il faut simplement se donner les moyens de ses envies. Et dans tous les cas il n'y a pas d'échec, seulement des moyens d'évoluer, de nous forcer à nous dépasser, et de tester autre chose.

Quand j'ai démarré ma carrière, si je m'étais arrêté aux catégories, au nombre d'années d'expériences, ou simplement à la peur de me confronter à des choses nouvelles, alors je n'aurai jamais tenté quoique ce soit. Pourtant c'est ce qui m'a amené à monter sur scène aux côtés des plus grands.

Ce que je veux dire aux compétiteurs qui nous liront et qui auraient peut-être peur de tenter leur chance, donnez vous les moyens, sortez de votre zone de confort, et surtout n'oubliez pas, Pole Art France est votre scène, alors venez nous montrer qui vous êtes.

« MON CONSEIL POUR CES SÉLECTIONS, SOIGNEZ LES VIDÉOS. »

Que peuvent attendre les compétiteurs et le public de ce grand retour ?

Un beau moment de pole, de partage et de retrouvailles pour toute cette communauté.

Comme toujours l'équipe travaille à offrir une édition magnifique, organisée dans la bienveillance et la passion.

Comment et sur quels critères seront sélectionnés les participants ?

Les mêmes critères de sélection seront appliqués que pour la finale avec une note artistique, la propreté, la musicalité, le travail au sol en dehors de la pole, la présentation générale, la tenue, l'environnement autour, la qualité de la vidéo. Pourquoi j'insiste sur ce critère ? Savoir se présenter en vidéo est tout aussi important que de

Photo : Zoé Reyes

se présenter correctement sur scène le jour J. Mettre autant de travail dans sa vidéo de sélection c'est aussi montrer son implication, sa motivation. Enfin pour les juges qui vont rester des heures derrière un écran leur faciliter la lecture est également précieux pour ne pas perdre leur attention. C'est donc mon conseil pour ces sélections, soignez les vidéos.

Pour la partie technique, le niveau général est apprécié dans son ensemble, la bonne exécution des figures et enchaînements également, les lignes, la transition entre les figures et leur originalité, leur niveau de recherche. D'une manière générale, il faut que l'ensemble de la technique soit cohérent avec la chorégraphie.

Et les juges ?

Ils seront annoncés au fur et à mesure.
Le choix des juges est pour nous très important car nous souhaitons offrir aux candidats un panel varié avec chacun des styles bien à eux. Tous sont complémentaires, tous ont un amour profond pour le Pole Art et un respect pour les compétiteurs sans égal puisque eux même compétiteurs depuis longtemps. Et nous sommes à chaque édition extrêmement honorés de pouvoir compter sur ces personnalités incroyables.

Nous avons hâte de vous les présenter et sommes très heureux de les avoir permis nous.

Qui se cache derrière toute l'organisation de cette compétition ?

Pole Art, c'est une équipe de bénévoles. J'ai la chance de pouvoir compter à chaque édition sur des personnes bienveillantes et passionnées. Je suis assistée de Claire qui sera là pour répondre aux questions des candidats mais qui me secondera aussi dans la gestion de l'événement.
Cette année, et c'est la petite surprise, nous proposons avec Amandine Philippe et son équipe de l'Art Et Fact, tout un week-end de pole. Le samedi aura donc lieu le Pole Art France, puis le dimanche le spectacle Le Cabaret de L'Art & Fact . Des workshops seront également organisés pendant le week-end avec les juges et guests.
Nous sommes toujours à la recherche de bénévoles, alors si vous avez envie de nous rejoindre, n'hésitez pas à nous faire signe !

En termes d'organisation, qu'est-ce que le Pole Art France implique ?

D'un point de vue technique et factuel, le plus difficile c'est toujours de trouver une salle. Cette année c'est la

Bellegrave, à Pessac, à 15min du centre de Bordeaux. C'est également une structure sécurisée avec 3 barres sur scène cette année.
Je dis souvent qu'il faut 9 mois pour organiser un Pole Art entre le moment où on lance l'édition et le jour de la finale.
Le jour J c'est un petit marathon et une véritable course contre la montre qui s'opèrent. On commence souvent très tôt pour finir très tard et surtout tout est minuté à 30 secondes près.
Ça ressemble à un ballet chorégraphié minute par minute.

Pour finir, comment es-tu parvenue à entrer dans l'univers Pole Art ?

Quand j'ai créé le Pole Art France en 2015, je souhaitais qu'il se rapproche le plus possible du Pole Art original, organisé quelques années auparavant et que les organisatrices n'avaient plus souhaité produire. Je les ai donc contactés, nous avons échangé sur

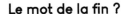

la compétition et elles m'ont transmis leur vision, leurs règles et leur façon de travailler. À cela j'ai apporté ma propre vision, et surtout j'ai adapté le format à l'époque dans laquelle il se produirait. C'est ainsi qu'est né Pole Art France.
Nous n'avons pas souhaité développer des franchises, mais nous avons des compétitions partenaires qui appliquent les mêmes règles que les nôtres et la même vision.
En 2015 l'idée était d'offrir à la France une compétition d'envergure, un spectacle unique, de qualité, avec des athlètes internationaux. Il y avait peu de compétitions en France et donc peu d'occasion, non seulement de monter sur scène, mais aussi de venir admirer en direct des performances de pole.
J'aime que le Pole Art ne s'enferme dans aucun code, dans aucun style et qu'il permette de découvrir des talents exceptionnels.

Le mot de la fin ?

Nous avons tous très hâte de vous retrouver, j'en profite pour remercier tout le monde de l'engouement dont notre retour fait preuve. J'espère sincèrement vous retrouver dans la salle le 27 avril, car le meilleur moyen pour soutenir notre événement, et ça vaut pour toutes les compétitions en France, pour toutes les initiatives qui sont proposées à notre belle communauté, c'est de venir voir les performances depuis la salle, c'est de nous rejoindre pour vivre tous ensemble ces beaux moments !

LE COLLAGÈNE, C'EST QUOI ?

Le collagène occupe une place prépondérante dans l'organisme humain, représentant environ 40% de l'ensemble des protéines. Sa présence est vitale dans de nombreuses structures corporelles, assurant la cohésion et l'élasticité des tissus présents dans la peau, les tendons, les ligaments, les os et les muscles. En effet, il constitue un lien essentiel de la trame tissulaire de l'organisme.

LES TYPES

Dans le derme, situé sous la peau, le collagène joue un rôle indispensable en favorisant la formation de fibroblastes, des structures permettant la régénération de nouvelles cellules. Il participe également au remplacement et à la restauration des cellules mortes de la peau.

Le collagène, loin d'être une molécule simple, représente une famille complexe de 28 types différents. Parmi eux, on retrouve :

Les fibres de collagène de type 1, particulièrement robustes, composent les os, les tendons, les ligaments, la peau et divers organes.

Les fibres de collagène de type 2, plus lâches, formant le cartilage et la structure oculaire.

Les fibres de collagène de type 3, soutenant les muscles, les organes et les artères.

Les fibres de collagène de type 4, assurant une fonction de filtration au niveau des reins.

SES BIENFAITS

AMÉLIORATION DE LA MASSE MUSCULAIRE

Le collagène constitue une source majeure de protéines pour la structure du muscle squelettique. Une composition adéquate en collagène facilite le gain de masse musculaire et, après 50 ans, contribue à prévenir la diminution de la masse musculaire et de la force, jouant ainsi un rôle essentiel pour la tonification et le maintien de la forme.

SOULAGEMENT DES DOULEURS ARTICULAIRES

Le collagène tient une place importante

dans le cartilage, aidant à glisser les os ensemble et absorbant les chocs. Lorsque celui-ci vient à s'endommager, des douleurs articulaires, arthrite ou encore arthrose font leur apparition. Le collagène a alors pour rôle de ralentir cette dégradation et d'exercer une action anti-inflammatoire agissant sur les articulations.

Les tendinites, très fréquentes suite à l'exercice de nos disciplines, sont causées par une inflammation provoquée par des micro lésions du tendon.

Comme le collagène aide à contrer une inflammation et à régénérer les cellules, il pourra être d'un fort soutien dans ton rétablissement.

ÉLASTICITÉ DE LA PEAU

Le collagène maintient l'élasticité, la tonicité et la beauté de la peau. La diminution de la quantité de collagène dans l'organisme avec l'âge est liée à l'apparition de rides. Intégrer des sources de collagène dans l'alimentation peut aider à contrôler ce processus naturel.

DENSITÉ OSSEUSE ET DENTITION

En plus de conférer leur solidité aux os, le collagène est la matière principale constituant les os. Comme mentionné, le vieillissement est responsable du ralentissement de la production de collagène dans le corps. Son rôle devient alors primordial pour maintenir une densité osseuse optimale tout au long de la vie.

EN TROUVER DANS NOTRE ALIMENTATION

Pour contrer la diminution inévitable du collagène dans l'organisme, voici quelques recommandations d'aliments à intégrer au quotidien dans ses assiettes.

ALIMENTS RICHES EN COLLAGÈNE

La peau des aliments d'origine animale et les os sont extrêmement riches en collagène. Bien que moins courants dans l'alimentation quotidienne, des choix tels que les sardines peuvent par exemple être envisagés.

Mais, fort heureusement, il est tout à fait possible de créer du collagène d'une autre manière.

LA VITAMINE C

La vitamine C est la grande complice du collagène, puisqu'elle contribue fortement à son processus de création. Cette vitamine se retrouve dans les

fruits et légumes d'où l'importance d'en consommer sans modération en tant que sportive.

Voici quelques aliments favorisant la génération de collagène :
les produits laitiers pour leur richesse en acides aminés.

- les fruits rouges pour leur action antioxydante grâce au lycopène. Ce dernier permet aussi la sécrétion de collagène. De plus, les fruits rouges ont une grande teneur en vitamine C.
- le kiwi, pour sa vitamine C légendaire.
- l'avocat, également antioxydant, contient une bonne dose de vitamine E, qui elle, prévient la perte de collagène.
- le saumon pour son zinc qui permet de mettre en marche les protéines utiles à la création de collagène.
- l'ail, riche en soufre qui favorise lui aussi la création de collagène.
- les œufs, pour leur composition en acides aminés.
- les graines germées pour leur teneur en vitamine C.

DOIS-JE ME COMPLÉMENTER?

Une complémentation en collagène peut être envisagée pour répondre aux besoins de l'organisme. Ces compléments sont souvent mieux absorbés car ils sont pré-digérés. Ils peuvent jouer un rôle préventif en matière de blessures, de douleurs articulaires et de vieillissement. Cependant, la complémentation ne remplace pas une alimentation équilibrée. Il est crucial de veiller à apporter les nutriments nécessaires par le biais de l'alimentation naturelle. Il est toujours recommandé de consulter un professionnel de santé avant de prendre des compléments, surtout si certaines conditions médicales sont présentes. La vigilance est de mise, et la complémentation doit être considérée comme un ajout à une alimentation saine plutôt qu'une substitution.

- TASTY -

BRIOCHES EXPRESS

Préparation 10 minutes
Environ 6 portions

INGRÉDIENTS

300g de farine
200g de fromage blanc
1/2 sachet de levure chimique
2 càs de sucrant
Pépites de chocolat
1 jaune d'oeuf

PRÉPARATION

1. Mélange tous les ingrédients à la main jusqu'à obtenir une pate peu collante
2. Dispose des petits tas sur une plaque et du papier sulfurisé
3. Étale du jaune d'oeuf en surface pour la dorrure
4. Enfourne 15min à 180°C

POLE GAMES
CONTRÔLE SURPRISE !

1. Qu'est ce que Hooxperience, lancé par Tracy Tagada ?
- ○ Un jeu de cartes
- ○ Une plateforme en ligne
- ○ Un hoop camp

2. Où s'est déroulé l'Exotic Generation 2023 ?
- ○ Cannes
- ○ Bordeaux
- ○ Nice

3. Combien de temps d'arrêt pour Pole Art France ?
- ○ 3 ans
- ○ 4 ans
- ○ 5 ans

4. Qui est à l'origine de la plateforme Twist On air ?
- ○ Doris Arnold
- ○ Sarah Carter
- ○ Stéphanie Durand

5. Quel agrès Marion Crampe a t-elle mis en lumière ?
- ○ Le hair hang
- ○ Les sangles
- ○ Les trapèze

6. Combien retrouve t-on de types de collagène ?
- ○ 16
- ○ 65
- ○ 28

Réponses : 1. Jeu de cartes , 2. Nice , 3. 4 ans, 4. Stéphanie Durand, 5. Hair Hang, 6. 28

SPINNING MAGAZINE PLAYLIST
Spotify & Deezer

 TWO FEET
Lost the game

 ANTHONY VINCENT
Black no.1

 BEYONCE
Fever

 SHE WON'T LIVE
Creatures

ROSENFELD
Like u

 LOI
Blinding lights

 BLACK SABBATH
Planet caravan

 ZABO
Drown

Change
LOUISAHHH

03:10

- 01:24

Athlète : Sam Kramell   Photo : Léa Chauvet

35

Workshops

France

AIN
Elodie & Lidija
DODIE POLE
Duo pole
9 décembre 2023

BAS RHIN
Hanna Joyce
Vertical Academy
Exotic winter camp
9 au 10 décembre 2023
17 au 18 décembre 2023

BOUCHE DU RHONE
Liloo Pumpkin
Studio pole sud
Pole choré
16 janvier 2024

Amandine PARIN
POLE AIR
Pole Exotic / Chair Dance
/ Pole combo / Pole Inter
14 au 15 avril 2024

BRETAGNE
Amandine PARIN
La petite sauva-
gère Studio
Atelier Cerceau / Ate-
lier Low Flow Cerceau
/ Atelier Floorwork
16 décembre 2024

CHARENTE
Ophélie Scrève
Vertical Fit Angoulême
Static ninja, splits &
tricks, exotic chorée
14 janvier 2024

Tracy Tagada
Vertical Fit Angoulême
Bask to basics (cerceau)
36

/ Tagada Hoop Signature
(cerceau) / Tagada Ham-
mock Signature (hamac)
10 mars 2024

DORDOGNE
Marie Moulin
Studio J
Pole dance
21 janvier 2024

DRÔME
Caroline Mortain
Fly Away
Souplesse
9 décembre 2024
Week end Handstands
17 mars 2024

GARD
Virginie Farrugia
Flash Pole Dance
Stage Intensif Pole &
Pure Flexibility Class
24 et 25 février 2024

Jessica Prevalet-
Pole dance Nîmes
Stage Intensif Pole &
Pure Flexibility Class
14 janvier 2024

Virginie Farrugia
Flash Pole Dance
Stage Intensif Pole &
Pure Flexibility Class
20 au 21 janvier 2024

Virginie Farrugia &
VP Photographie-
Flash Pole Dance
Virginie Farrugia &
VP Photographie
14 au 17 juin 2024
28 juin au 1er juillet 2024

5 au 8 juillet 2024
6 au 9 septembre 2024

HAUTE-GARONNE
Céline
Pole dance and co
Stage Pole Cho-
ré Flow Motion
17 décembre 2023

Lula Manoir
Pole dance and co
Exotic bad ass power
9 décembre 2023

Renan Leal
Pole Fiction Studio
Exotic pole
11 décembre 2023

HAUTE-LOIRE
Alicia Ferrero
L'art des Airs
Initiation Pole Dance
28 janvier 2024

Alicia Ferrero & Lo-
rianne Fulkerson
L'art des Airs
Stage Pole Duo In-
ter / Avancé
10 décembre 2023

Lorianne Fulkerson
L'art des Airs
Winter Intensive Day
Debutant / Inter
24 février 2024

Alicia Ferrero
L'art des Airs
Winter Intensive Day
Inter 2 / Avancé
25 février 2024

Lorianne Fulkerson

L'art des Airs
Upside Down Rennes
7 décembre 2023

ILE ET VILLAINE
Davina SheWolf
Upside Down Rennes
Sexy Boot Camp
inter / avancé
12 et 13 août 2023
19 et 20 août 2023

Jessica prevalet
Upside Down Rennes
Workshops sou-
plesse/contorsion
26 novembre 2023

ISERE
Ophélie Scrève
Pole & Aerial Box
Workshop Pole Ninja /
Pole Spin débutant inter
11 février 2024

Cri Cirka
Pole & Aerial Box
Workshop cerceau /
Multi agrès sangles,
corde et spirale / Pole
13 et 14 janvier 2024

Jessica Prevalet-
Pole & Aerial Box
Worskshop souplesse
dos / souplesse jambes
9 mars 2024

OISE
Sophie
Oise pole studio
Pole power
17 décembre 2023

RHONE
Prana
Gravity studio

Camps

*Stage intensif 4h souplesse
4 et 5 novembre 2023*

SEINE ET MARNE
Mellie Saxod
Pole dance sen-
sations Melun
*Pole flow& Static dynamik
27 avril 2024*

Hanna Joyce
Pole dance sen-
sations Melun
*Exotic Pole
22 juin 2024*

Maxime Joret
Pole dance sen-
sations Melun
*Contempo pole & heels
4 mai 2024*

SEINE MARITIME
Mellie Saxod
Pole dance sen-
sations Rouen
*Pole flow& Static dynamik
28 avril 2024*

Hanna Joyce
Pole dance sen-
sations Melun
*Exotic Pole
23 juin 2024*

Maxime Joret
Pole dance sen-
sations Melun
*Contempo pole & heels
5 mai 2024*

France

INDRE ET LOIRE
Pole camp
Pole dance Tours
Equilibre, Pole duo,
Spinning, Static
8 au 11 mai 2024

MARTINIQUE
Pole Camp Martinique
Pole dance sensations
Equilibre, Souplesse
dos, Souplesse jambes,
Spinning, Static
13 au 20 janvier 2024

Pole Camp Martinique
Pole dance sensations
Pole dance,
Renforcement,
Souplesse, Yoga
*27 janvier au 3
février 2024*

GUADELOUPE
Pole Camp Guadeloupe
Caribbean Pole Camp
Pole dance (inter à pro)
Du 28 au 4 février 2024

Pole Camp Guadeloupe
Caribbean Pole Camp
Old School (tous
niveaux)
Du 18 au 25 février 2024

Pole Camp Guadeloupe
Caribbean Pole Camp
Exotic (tous niveaux)
Du 7 au 14 avril 2024

**Burlesque Camp
Guadeloupe**
Caribbean Pole Camp
Burlesque (tous niveaux)
Du 14 au 21 avril 2024

Etats-Unis
Pole Camp Miami
Fit Travel
Pole dance, cerceau,
hammack
Du 18 au 27 mars 2024

Espagne

Pole Camp Ibiza
Fit Travel
Pole dance, pole flow,
pilates, souplesse
Du 19 au 24 août 2024

Shootings

France

BOUCHES DU RHONE
VP Photographie
Pole Dance Sud
Aerial shoot
14 janvier 2024

VP Photographie
Up & Down Arles
Aerial shoot
4 février 2024

SEINE ET MARNE
VP Photographie
Pole Dance
Sensations Melun
Aerial shoot
24 mars 2024
Pole Dance
Sensations Rouen
Aerial shoot
25 mars 2024

Compet'

France

My Pole Challenge
Drôme
23 mars 2024

Pole Art
Bordeaux
27 avril 2024

**Championnat Inter
régional Nord Est 2024**
Nancy
13 avril 2024

**Championnat Inter
régional Sud Est 2024**
Montélimar
23 mars 2024

**Championnat
Inter régional Sud
Ouest 2024**
Hendaye
20 avril 2024

PSF France
Rilleux la Pape
24 mai 2024

**Championnat de
France Pole sport**
Maxéville
8 juin 2024

Europeen Pole With me
Mireval
20 juin 2024

Suisse

Pole Theatre
Lausanne
6 avril 2024

Exotic Generation
11 mai 2024

PSO
Zurich
14 septembre 2024

Espagne

World pôle art
Barcelone
9 au 10 décembre 2023

Exotic Generation
24 février 2024

Allemagne

Rock The Stage Art of Pole & Hoop
9 mars 2024

PSO Germany & Heels
20 avril 2024

Italie

Sparkle Competition
24 au 25 février 2024

Pole Art
Asti
12 au 15 avril 2024

Exotic Goddess Roma
20 avril 2024

Exotic Moon
15 juin 2024

Exotic Hell Championship
19 octobre 2024

Pole Revolution

19 octobre 2024

Pays-Bas

PSO Netherlands
10 décembre 2023

PSO Heels Edition Netherlands
11 décembre 2023

Pole Competition ADC
14 janvier 2024

Turquie

PoleBattle International freestyle competition
15 décembre 2023

Slovaquie

Aerialmotion Competition
9 mars 2024

Autriche

PSO
16 mars 2024

Monde

Championnat du monde de Pole Dance 2024 IPSF
Suède
24-27 octobre 2024

Championnat du monde de Pole Dance 2025
Brésil
octobre 2025

REMERCIEMENTS

ATHLÈTES
Marion Crampe

Bleu sv

Ms Lizard

Stéphanie Durand

Dyenn Lu

Joséphine Li

Pole&cye

Jeanne Roche

Sam Karamell

ORGANISATION
Pole Art France

MARQUES
The Pole Hub

L'aiguille Enflammée

Twist On air

PHOTOGRAPHES
Millie Robson

Lagom Image Agency

Made By Em Photo

Aerial Flow Creation

Gridou V

Zaatar

Malowanie Swiatlem

Diana Kravchyshyn (couverture)

Karina Friedrich

Léa Chauvet

Yvonne Corbière

SOUMETTRE UN SUJET

Tu souhaites soumettre un sujet et/ou contri-buer pour un prochain numéro ? Ecris-nous à spinningmagazine@gmail.com

DIRECTRICES, PHOTOGRAPHES, ORGANISATEURS

Pour communiquer vos prochains évènements dans l'agenda, contactez-nous à spinningmagazine@gmail.com

ABONNEMENTS

Des abonnements papiers 3 ou 6 numéros sont disponibles sur www.spinningmagazine.com !

PLUS DE SPIN !

Découvre notre blog sur www.spinningmagazine.com pour toujours plus d'articles et d'interviews entre deux numéros !

Printed in Great Britain
by Amazon